BEI GRIN MACHT SIC
WISSEN BEZAHLT

- Wir veröffentlichen Ihre Hausarbeit,
  Bachelor- und Masterarbeit

- Ihr eigenes eBook und Buch -
  weltweit in allen wichtigen Shops

- Verdienen Sie an jedem Verkauf

Jetzt bei www.GRIN.com hochladen
und kostenlos publizieren

Sarah Schneider

Göttlicher Wahnsinn und menschliche Besessenheit in Klaus Michael Grübers Inszenierung "Die Bakchen" an der Schaubühne am Halleschen Ufer 1974

GRIN Verlag

Bibliografische Information der Deutschen Nationalbibliothek:

Die Deutsche Bibliothek verzeichnet diese Publikation in der Deutschen National-
bibliografie; detaillierte bibliografische Daten sind im Internet über http://dnb.d-
nb.de/ abrufbar.

Impressum:

Copyright © 2007 GRIN Verlag, Open Publishing GmbH
Druck und Bindung: Books on Demand GmbH, Norderstedt Germany
ISBN: 978-3-640-78062-4

Dieses Buch bei GRIN:

http://www.grin.com/de/e-book/162413/goettlicher-wahnsinn-und-menschliche-
besessenheit-in-klaus-michael-gruebers

GRIN - Your knowledge has value

Der GRIN Verlag publiziert seit 1998 wissenschaftliche Arbeiten von Studenten, Hochschullehrern und anderen Akademikern als eBook und gedrucktes Buch. Die Verlagswebsite www.grin.com ist die ideale Plattform zur Veröffentlichung von Hausarbeiten, Abschlussarbeiten, wissenschaftlichen Aufsätzen, Dissertationen und Fachbüchern.

Inhaltsverzeichnis

1. Einleitung

Welch ein Wahnsinn hat euch betört, ihr drachenentsprossenen Thebaner, dass euch, die kein Schlachtschwert, keine Trompete jemals geschreckt hat, jetzt ein weichlicher Zug von berauschten Toren und Weibern besiegt? [...] Wollt ihr es dulden, dass ein wehrloses Knäblein Theben erobere, ein Weichling mit balsamtriefendem Haar, auf dem ein Kranz mit Weinlaub sitzt, in Purpur und Gold anstatt in Stahl gekleidet, der kein Roß tummeln kann, dem keine Wehr, keine Fehde behagt? Wenn nur ihr wieder zur Besinnung kommet, so will ich ihn bald nötigen, einzugestehen, dass er ein Mensch ist, wie ich, sein Vetter, dass nicht Zeus sein Vater und all diese prächtige Gottesverehrung erlogen ist![1]

Dionysos, der Gott des Rausches und der Begeisterung, der Raserei und des Wahnsinns, gelangt mit einer Schar seiner Anhängerinnen, den Bakchen, aus Kleinasien in die griechische Stadt Theben, wo er als Sohn der Semele, Tochter des damaligen Herrschers Kadmos und Schwester der Agaue, Autonoe und Ino, und des Göttervaters Zeus geboren wurde.[2] Hier geschah ihm auch großes Unrecht, da die Schwestern der Semele, seine göttliche Herkunft leugneten. Daher hetzt er nun alle Frauen Thebens, darunter auch die Schwestern, in das Kithairongebirge, wo diese nun seinem Kult obliegen. Pentheus, der neue König Thebens und Sohn der Agaue, versucht diesen Zustand des Rausches zu unterbinden, indem er dem Rat des Dionysos, der ihm in Menschengestalt erscheint und deshalb von diesem nicht erkannt wird, folgt und als Bakche verkleidet auf den Gipfel des Kithairon zieht, um dort das Treiben der Frauen zu beobachten und eine Gelegenheit zum Sieg über diese auszukundschaften.

---

1 Schwab 2001, 40.
2 Von Eifersucht getrieben erschien Hera, die Gattin des Zeus der Semele in Gestalt ihrer Amme und gab ihr den Rat, sich von Zeus zu wünschen, er möge ihr in göttlicher Gestalt erscheinen, so wie er es auch bei seiner Gattin Hera zu tun pflegte. Semele kam diesem Rat nach und als ihr Zeus unter Blitz und Donner erschien, verbrannte sie unter dem göttlichen Blitzstrahl, worauf Zeus die Leibesfrucht in seinen Schenkel einnähte, aus welcher Dionysos hervorging.

Doch die Bakchen entdecken den Voyeur und zerfleischen ihn in ihrem Wahn, allen voran die Mutter des Pentheus, Agaue. Mit dem aufgespießten Haupt ihres Sohnes kehrt sie nach Theben zurück, wo sie erkennen muss, dass sie in der Raserei ihren eigenen Sohn ermordet hat.

Dieser Mythos, der sich um die griechische Gottheit des Dionysos rankt, muss auch die Grundlage des antiken Dichters Euripides für dessen Tragödie „Die Bakchen" gewesen sein, die erst nach seinem Tode im Jahr 408 v. Chr. uraufgeführt wurde und das einzig erhaltene antike Trauerspiel ist, in welchem der Gott Dionysos, der im antiken Athen als Gott des Theaters galt, eine tragende Rolle einnimmt.

Dass der in dem Spätwerk des Euripides thematisierte Konflikt, der auch schon in der Sage verankert ist und in den Worten des Pentheus, die diesem Text vorangestellt wurden, deutlich hervortritt, also das Spannungsverhältnis zwischen rationaler und irrationaler Kraft, ein Grundkonflikt unserer heutigen Zeit ist, spiegelt der Regisseur Klaus Michael Grüber im Rahmen des Antikenprojekts der Schaubühne am Halleschen Ufer in seiner Inszenierung der „Bakchen" im Jahr 1974 auf bestechende Weise wieder.

Das Antikenprojekt der Schaubühne, ein gigantisches Unternehmen des Ensembles, dem eine Vorbereitung von einem Jahr vorausgegangen war, wurde in einer Messehalle in Berlin, im Philips-Pavillion, an zwei Abenden realisiert. Den ersten Abend bildete die „Übung für Schauspieler" unter der Leitung von Peter Stein, den zweiten Abend die Inszenierung der „Bakchen" von Klaus Michael Grüber.

Klaus Michael Grübers Interesse gilt jedoch weniger der Gegensätzlichkeit der beiden Antagonisten Dionysos und Pentheus, sondern dem „verschränkten ambivalenten Verhältnis" der beiden Figuren, so Henning Rischbieter in seinem Vorwort zu den Bakchen, wodurch sich ein Wechselspiel zwischen dem göttlichem Wahnsinn des Dionysos und der menschlicher Besessenheit des Pentheus ergibt, dem Gegenstand dieser Inszenierungsanalyse, die sich auf eine Videoaufnahme der Inszenierung stützt.

Im Folgenden soll der Frage nachgegangen werden, *wie das Motiv des göttlichen Wahnsinns und das Motiv der menschlichen Besessenheit in der Inszenierung umgesetzt wurden und welches Verhältnis zwischen diesen beiden Motiven besteht.* Demnach zerfällt die Analyse in zwei Teilaspekte, in deren erstem Teil die Motive isoliert voneinander betrachtet werden. Hierbei wird im Hinblick auf die gesamte Inszenierung kurz skizziert werden, wo und wann das Motiv auftritt[3], um es schließlich an einer ausgewählten Sequenz genauer zu untersuchen. Im zweiten Teil der Analyse wird am Beispiel von zwei Szenen[4] das Verhältnis der beiden Motive zueinander betrachtet, wobei eine besondere Gewichtung auf dem Interkorrelationsverhältnis, dem Verhältnis zwischen linguistischen, paralinguistischen und kinesischen Zeichen, welche auch den Schwerpunkt des ersten Analyseteils bilden, liegt.

---

[3] Hierbei sollen zwei Ebenen der Isotopie gebildet werden, die Gegenstand der Untersuchung sind. Siehe auch Fischer-Lichte 1983b, 80f.
[4] Szene wird hier und im Folgenden als Synonym für Sequenz gebraucht.

2. Göttlicher Wahnsinn

Göttlicher Wahnsinn, verstanden als sinnentleert, frei von jeglicher Vernunft und auf emotionale Eigenschaften beschränkt, bezieht sich in dieser Inszenierungsanalyse ausschließlich auf die Figur des Dionysos, obgleich vorweggenommen werden muss, dass es durchaus auch andere Figurenträger des göttlichen Wahnsinns gibt, auf die hier aber nicht näher eingegangen werden kann.

Im Folgenden soll das Motiv, im Sinne eines Leitgedanken oder Themas, anhand einer Betrachtung der gesamten Inszenierung kurz skizziert werden, wobei sich eine Ebene der Isotopie ergeben soll. Anschließend wird eine ausgewählte Sequenz dieser Ebene, der Prolog des Dionysos, einer eingehenderen Analyse unterzogen, die aus einer kurzen Beschreibung der Szene, die sich an Patrice Pavis`s Questionnaire[5] orientiert, einer fokussierten Betrachtung des hier hervortretenden Motivs und aus einer sich anschließenden Interpretation bestehen wird.

2.1 Das Motiv des göttlichen Wahnsinns

Dionysos erscheint auf einer Klinikbahre. In seinen Händen hält er einen Frauenschuh, den er fest an seine nackte Brust drückt. Nur langsam und mühsam artikuliert er die ersten Worte seines Prologs, verfällt immer wieder in hysterisches Lachen, presst schließlich die Worte aus seinem Mund, versucht Sätze zu formulieren, schreit sie heraus. Bohrt nun seine Zeigefinger in die Nasenwurzel bis sein Gesicht völlig vom Schmerz verzerrt ist (Abb. 1).

---

[5] Pavis 1996, 37f.

Abb. 1

Er schlägt sich mit der flachen Hand gegen die Stirn und beginnt schließlich mit dem Schuh auf die Bahre zu schlagen, immer schneller und schneller, bis sich der Rhythmus auf seinen Körper überträgt und er von der Klinikbahre stürzt.

Schon das erste Bild des Dionysos, das dem Zuschauer hier vor Augen geführt wir, ist das eines Kranken, eines Wahnsinnigen. Die Kombination der hier beschriebenen Zeichen benutzt Klaus Michael Grüber im Folgenden wie ein Verhaltensmuster, welches der Figur des Dionysos zugedacht ist. Auf diese Weise gelingt es ihm immer wieder die vom Publikum evozierten Bilder der ersten Sequenz heraufzubeschwören. Wenn Dionysos in einer späteren Szene vor Pentheus am Boden liegt, sich hin und her wälzt, schreiend und stöhnend das Gesicht verzieht und seine Arme und Beine miteinander verschlingt (Abb. 2), dann sind dies genau die Bilder, die der Zuschauer schon kennt. Hier braucht es keine Klinikbahre mehr um dem Publikum zu suggerieren hier liegt einer, der dem Rausch verfallen ist, frei von jeglicher Vernunft. Dieses Verhaltensmuster wird zu einem immer wiederkehrenden Motiv, das die gesamte Inszenierung durchziehen wird und bis zum letzten Auftritt des Dionysos anhalten mag, obgleich das Motiv nicht in allen Szenen gleich stark auftritt. So gibt es auch Momente, in welchen Dionysos fast rational wirken mag, wie in der letzten Szene, in der er Pentheus auf den Kithairon schickt. Doch achtet man genau auf seine Gesichtszüge, so ist auch hier ein gelegentliches Zucken auf der Stirn, ein Lächeln auf den Lippen zu beobachten oder ein kurzer Schrei, ein leises Stöhnen zu vernehmen. Das Motiv bleibt also stetig mit der Figur des Dionysos verbunden und tritt in seinem Agieren immer wieder hervor, besonders deutlich in der zu Beginn beschriebenen Sequenz, die im Folgenden als exemplarisches Beispiel einer genaueren Untersuchung zu Grunde liegen soll.

Abb. 2

2.2 Der Prolog des Dionysos

Die Sequenz beginnt mit dem Einsetzen der Musik Igor Strawinskis und endet mit dem Sturz des Dionysos von der Bahre.

Als die ersten Töne aus Igor Strawinskis Appolon Musagète erklingen, wird die weiße Spielfläche durch grelles Neonlicht erhellt.

Der Bühnenraum, von Gilles Aillaud und Eduardo Arroyo gestaltet, wird durch drei hochgezogene, weiße Rückwände begrenzt, in welchen sich insgesamt vier Öffnungen befinden. In der ersten Öffnung auf der linken Seite steht eine gelbe Kehrmaschine. Die zweite Öffnung, welche durch einen Laden verschlossen werden kann, ist in der Mitte der frontal zum Publikum stehenden Wand und etwa um eineinhalb Meter vom Boden erhöht, die dritte befindet sich in Form einer Tür direkt daneben. Ganz rechts ist schließlich noch eine vierte Öffnung, die verglast ist und in deren Hintergrund zwei Pferde zu erkennen sind. An den beiden Außenwänden rechts und links befinden sich ein Rohr, eine Halterung mit einer Rolle Toilettenpapier, ein Lichtschalter und zwei eingegipste, aufgeschlagene Bücher. Auf der linken Seite der Bühne finden sich Bänke und ein Tisch. In der Mitte der Bühne hängt ein Ventilator.

Zu Beginn dieser Szene treten Männer in Raumfahreranzügen mit Fechtermasken auf und durchqueren den Raum.Einer von ihnen öffnet die noch verschlossene zweite Öffnung, ein anderer tritt aus der mittleren Öffnung hervor und schiebt, auf einer Klinikbahre liegend, Dionysos, gespielt von Michael König, in die Mitte der rechten Bühnehälfte (Abb. 3).

Abb. 3

Dionysos ist bis auf einen Penisgürtel nackt. An der rechten Seite seines Körper lassen sich zwei große Narben erkennen.

Er liegt auf der Bahre, den Oberkörper erhoben, die Füße über das Ende der Klinikbahre hinausragend und versucht langsam die ersten Worte seines Prologs zu formen, wobei er einen schwarzen Frauenschuh in den Händen hält.

Ins Leere blickend beginnt er erst stammelnd, dann jedoch deutlich die Worte „ich bin", welche den Anfang seines Prologs bilden, zu sprechen, bis er aus den ernsten Tönen in ein wohlgefälliges Lachen übergeht (Abb. 4), welches ihm aber plötzlich wieder entschwindet.

Abb. 4

Während eine der zu Beginn geschilderten Personen im Raumfahreranzug wieder hinter ihn tritt, verhärten sich seine Gesichtszüge. Den schwarzen Frauenschuh nun fest an sich gepresst, beginnt er in ernstem Ton seinen Text von neuem zu sprechen. Er berichtet von seiner Geburt, von seiner Mutter Semele, währenddessen er den Schuh zu seinen Lippen hebt und ihn küsst und von seinem Göttervater Zeus, auf dessen Namen hin er vor Wut entbrannt sein Gesicht zu einer Grimasse verzieht. Er kann seinen Namen schließlich nur verhasst aus sich herausschreien, wobei er den Schuh seiner Mutter von sich wirft. Doch gleich bemerkt er sein Fehlverhalten, will den Schuh, das einzige, was ihm von seiner Mutter geblieben ist, wieder haben, streckt seine Arme nach ihm aus, versucht ihn zu ergreifen, was von der hohen

Klinikbahre jedoch nicht möglich ist. Er stöhnt vor Schmerz um den Verlust des Schuhs bis es schließlich die Gestalt hinter ihm ist, die ihm den Schuh wieder in die Hände zurückgibt. Ruhig drückt er ihn an seinen Mund und erzählt nun vom Tode seiner Mutter und von dem Unrecht, das ihm hier in Theben widerfahren ist, wobei er den Schuh jetzt zwischen seine Oberschenkel presst. In tiefem Ton, teilweise auch in griechischer Sprache, formuliert er die Schmach, die er erdulden musste, hierbei bohrt er sich, wie schon erwähnt, die beiden Zeigefinger in die Nasenwurzel, bis sich sein Gesicht vom Schmerz völlig verzerrt, und äußert seine Rache an denen, die ihm dieses Leid zugefügt haben. Als er erzählt, dass er die Frauen Thebens mit Raserei bestraft habe, verfällt er dieser allerdings selbst. Sein Sprachduktus wird nun wieder schneller, unkontrollierter und scheint sich zu verselbstständigen. Michael König, in der Rolle des Dionysos, schlägt sich mehrmals mit der flachen Hand gegen die Stirn, beginnt schließlich den Schuh seiner Mutter vehement auf die Klinikbahre zu schlagen, bewegt sich immer heftiger, die Bahre mit ihm, bis er vorn über zu Boden stürzt (Abb. 5), womit die Szene endet.

Abb. 5

Es ist vor allem der Wechsel zwischen ernstem und lachendem, lautem und leisen, schnellem und langsamem Sprechen und der Wechsel zwischen überlegenen und unkoordinierten

Bewegungsabläufen , die in dieser Szene und auch in den folgenden dominierend als Motiv für den göttlichen Wahnsinn des Dionysos fungieren. Die Gefühlszustände, die damit geschaffen werden, wechseln ständig und im Zusammenhang mit Requisiten wie der Klinikbahre in diesem weißen, durch das Neonlicht kalt wirkenden Raum, assoziiert der Zuschauer diese hier geschaffenen Bilder mit Erinnerungen[6] an psychiatrische Anstalten, womit Dionysos hier eindeutig als ein an Schizophrenie Erkrankter ist, ein Irrer, ein Wahnsinniger.

---

[6] Kreuder 2002, 9f.

3. Menschliche Besessenheit

Menschliche Besessenheit, in diesem Zusammenhang zu verstehen als von einer Vorstellung besessen oder von ihr in Besitz genommen, bezieht sich in dieser Inszenierung ausschließlich auf die Figur des Pentheus, wobei auch hier angemerkt werden muss, dass auch andere Figurenträger der menschlichen Besessenheit auftreten, wie zum Beispiel die Bakchantinnen, welche hier aber mangels Raum nicht zum Untersuchungsgegenstand gehören sollen.

Im Folgenden wird, wie schon im ersten Teil, das Motiv innerhalb der ganzen Inszenierung kurz skizziert werden, wobei sich eine zweite Ebene der Isotopie bilden soll. Hiernach wird eine spezifische Sequenz dieser entstandenen Ebene, in diesem Fall der Eingangsmonolog des Pentheus, einer ausführlichen Analyse unterzogen, die wiederum aus einer kurzen Beschreibung der Szene, die sich an Patrice Pavis`s Questionnaire orientiert, einer fokussierten Betrachtung des zu untersuchenden Motivs und aus einer im Anschluss stehenden Interpretation bestehen wird.

3.1 Das Motiv der menschlichen Besessenheit

Bevor Pentheus die Bühne betritt wird er in der Öffnung, die sich in der Mitte der weißen Rückwand befindet, mit Sprayflaschen von einer Flüssigkeit überzogen. Er tritt daraufhin in die Mitte der Spielfläche, spricht Texte Wittgensteins, ruhig, überlegen. Pentheus wirkt völlig der Vernunft entsprechend, doch als er plötzlich beginnt den Dramentext des Euripides zu sprechen, verhärten sich seine Gesichtszüge. Er kann einzelne Worte nur noch schwer artikulieren, presst sie geradezu zwischen seinen Lippen hindurch bis sie im Raum verhallen. Seine Tonlage, zuvor ruhig, fast monoton, beginnt zu variieren. Sie ist jetzt von hohen und von tiefen Tönen durchzogen.

Der zu Beginn seines ersten Auftritts noch so rational wirkende, der Ordnung entsprechende Herrscher Thebens, weist Züge auf, die den Zeichen des Motivs des göttlichen Wahnsinns, die Michael König als Dionysos verwendet, zwar nicht direkt entsprechen, aber als eine Anspielung auf diese verstanden werden können. Diese von den zumeist starren Gesten und der kalten Mimik des Pentheus abweichenden Merkmale begleiten ihn durch die ganze Inszenierung hindurch, erst durch kleine Veränderungen seiner Sprachweise, dann seiner Gesichtszüge, wie es hier eben beschieben wurde, später allerdings erstrecken sich diese Zeichen über seinen ganzen Körper, wenn er zum Beispiel mit den Hunden des ersten Boten am Boden sitzt und deren Fleisch zwischen seinen Zähnen hält (Abb. 6) oder wenn er vor Dionysos wie ein Boxer im Seidenmantel hin und her springt, bereit zum Angriff.

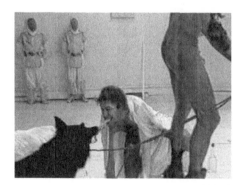

Abb. 6

Pentheus schwankt immer mehr zwischen rational kühler Überlegenheit und dem emotionalen Wunsch des Sieges über den Gott, den er aufgrund seiner geistigen Veränderung als solchen schon nicht mehr erkennen kann. Zu sehr ist er von der Vorstellung einer Überwältigung des Dionysos besessen, so dass es ihm nicht mehr möglich scheint, seinen Prinzipien einer kalten klaren Ordnung, wie sie im Bühnenbild verankert ist, nachzukommen. Als sich Pentheus schließlich dem Rat des Dionysos beugt und sich in Frauengewändern zeigt und vor Dionysos Auge wie eine Bakchantin tanzt (Abb. 7), sich selbst im Spiegel betrachtend schminkt, ist er so von seiner eigenen Vorstellung, von seiner Vision in Besitz genommen, dass er sich wie ein vom Wahnsinn Besessener auf den Weg ins Kithairongebirge, auf den Weg in seinen Tod macht.

Abb. 7

Das Motiv der menschlichen Besessenheit ist dem des göttlichen Wahnsinns durchaus ähnlich, aber durch Abschwächung untergeordnet, denn die Zeichen, die Pentheus benutzt, finden sich in größerer, intensiverer Form in dem Verhaltensmuster des Dionysos wieder. Die beiden Motive grenzen sich also weniger dadurch voneinander ab, dass sie aus unterschiedlichen von den Schauspielern gebrauchten Ausdrucksweisen bestehen. Der Unterschied liegt vielmehr darin, in welchem Grad der Steigerung sich die einzelnen Zeichen im Moment ihrer Ausübung befinden. Und um dies zu verdeutlichen soll nun am Beispiel der ersten Szene, in welcher Pentheus auftritt, gezeigt werden, wie sich das Motiv der menschlichen Besessenheit im Laufe seiner ersten Rede, dem Eingangsmonolog, darstellt und entwickelt.

3.2 Der Eingangsmonolog des Pentheus

Die Sequenz beginnt mit den Worten des Pentheus „dass da die Frauen die Häuser, uns verlassen haben", nachdem er schon die Bühne betreten und den Text Ludwig Wittgensteins gesprochen hat und endet mit der Unterbrechung des Monologs durch den Seher Teiresias.

Das Bühnenbild der ersten Szene hat sich verändert. Die nur noch im hinteren Teil erleuchtete Spielfläche ist aufgebrochen worden. Die Bretter, unter welchen sich die Erde des Vorabends verbirgt, sind aus dem Boden herausgerissen. Aus ihnen wurden die beiden Alten, Kadmos und Teiresias, geborgen, nackt, wie Dionysos und Pentheus nur mit einem Penisgürtel bekleidet. Sie lauschen die nun zwischen den in schwarze Kleider gehüllten Bakchantinnen auf dem Boden sitzen, lauschen den Worten des Königs von Theben, gespielt von Bruno Ganz, der in der Mitte der Bühne steht. Neben ihm befindet sich noch immer die Klinikbahre des Dionysos, nun aber bestückt mit einer Büste desselben und mit Weintrauben bekränzt und daher zu einer Art Altar umfunktioniert[7].

Pentheus steht starr frontal zum Zuschauerraum. Seine Arme, dicht an den Körper geschmiegt, wobei sein linker Arm von der Schulter bis zum Handgelenk mit einer weißen, gipsähnlichen Masse überzogen ist, deren Spuren sich auch an Kadmos und Teiresias finden lassen. Sichtlich reglos spricht er seinen Text, wobei sich nur eine leichte Bewegung des Zwerchfells feststellen lässt (Abb. 8).

---

[7] Siehe externe Umcodierung bei Fischer-Lichte 1983b, 96f.

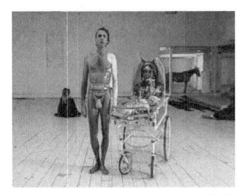

Abb. 9

Einzig sein Gesicht ist Ausdruck dessen was er fühlt, denn als
er auf die Frauen Thebens zu sprechen kommt, die in Raserei,
dem Rausch des Dionysos verfallen, in das nahegelegene
Gebirge geflüchtet sind, verzieht sich sein Gesicht. Wie unter
Schmerzen leidend spricht er nun das aus, was die Bakchen so
Unglaubliches tun (Abb. 9/10).

 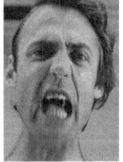

Abb. 9   Abb. 10

Immer wieder scheint er die Worte in seinem Mund kaum
formen zu können, wird lauter und schreit sie heraus. Erst als er
berichtet, wie er gegen diese Mänaden vorgehen will, dass er
sie fesseln und einsperren lassen will, ändert sich sein

Gesichtsausdruck. Ein breites Grinsen überzieht seine Lippen, wobei er seine Augen weit aufreißt (Abb. 11).

Abb. 11

Gefangen von dieser Vorstellung, der Vorstellung die Bakchen und auch Dionysos vor sich gefesselt zu sehen, schüttelt er kurz seinen Kopf und lässt noch einmal seine Zähne zwischen den Lippen aufblitzen bevor er wieder in seinen alten Zustand, in den eines der Vernunft gemäß Lebenden, zurückfindet. Hier wird er von den Worten des Teiresias, gespielt von Otto Sander, welcher sich inzwischen vom Boden erhoben hat und zu ihm getreten ist, unterbrochen, womit die Sequenz endet.

Hier tritt noch einmal ganz deutlich hervor, dass das Motiv der menschlichen Besessenheit aus den abgeschwächten Zeichen, dem abgeschwächten Verhaltensmuster, des Motivs des göttlichen Wahnsinns besteht. Es ist wieder der Wechsel zwischen den verschiedenen Gefühlszuständen, durch den eine Assoziation mit dem Wahnsinn des Dionysos nicht mehr ausgeschlossen werden kann. Bruno Ganz benutzt als Pentheus die gleichen signifikanten linguistischen, paralinguistischen und kinesischen Zeichen wie Michael König in der Rolle des Dionysos, nur hat er diese noch nicht vollkommen übernommen, so wie hier sein Körper, das Gesicht ausgeschlossen, immer noch in seiner alten Ordnung ruht und er deshalb nur als Besessener gelten kann. Als Besessener seiner eigenen Wunschvorstellungen, seiner eigenen Wahnvorstellung.

4. Wahnsinn und Besessenheit

In diesem zweiten Teil der Inszenierungsanalyse soll nun, nachdem im ersten Teil die Motive göttlicher Wahnsinn und menschliche Besessenheit getrennt voneinander untersucht wurden, das Verhältnis zwischen diesen beiden Verhaltensmustern einer genaueren Betrachtung unterzogen werden. Hierbei soll am Beispiel zweier ausgewählter Sequenzen, in welchen sich Dionysos und Pentheus gegenüberstehen, der Frage nachgegangen werden, ob es überhaupt möglich ist, diese beiden Motive differenziert als selbstständige Verhaltensmuster, welche die Inszenierung Klaus Michael Grübers durchziehen, zu deuten sind, oder ob es sich hierbei eher um ein Wechselspiel dieser beiden Motive handelt, die sich gegenseitig ergänzen und eventuell sogar miteinander verschmelzen.

Bei den beiden exemplarischen Szenen handelt es sich zum einen um die erste Begegnung zwischen Dionysos und Pentheus und zum anderen um deren letzte gemeinsame Szene, in welcher Dionysos Pentheus in Frauenkleidern auf den Kithairon schickt. Da sich die Motive auf der Ebene linguistischer, paralinguistischer und kinesischer Zeichen spiegeln, soll das Interkorrelationsverhältnis der einzelnen Motive vorerst eingehend beschrieben werden, um es dann einem Vergleich zu unterziehen.

4.1 Die erste Begegnung
zwischen Dionysos und Pentheus

Die Sequenz beginnt mit dem Einsetzten der Musik Igor Strawinskis und endet mit der Ohrfeige des Pentheus.

Die Neonröhren oberhalb des Bühnenraums sind erloschen. Die Spielfläche wird nur noch durch eine Lichtquelle an der linken Wand beleuchtet, wodurch sich auf den weißen Brettern der Bühne ein Lichtkegel bildet. Pentheus versucht mit einem weißen Klebeband diesen Lichtkegel einzugrenzen und schafft so einen neuen Raum, in welchem er sich die gesamte Sequenz hindurch aufhalten wird.

Als Dionysos im Hintergrund erscheint, bemerkt ihn Pentheus erst gar nicht. Dieser steht nämlich, mit dem Rücken zur Wand in dem zuvor beschriebenen Lichtkegel und betrachtet seinen eigenen Schatten. Er kniet sich nieder, macht sich immer kleiner, bis sein Schatten nur noch als schwarzer Fleck erscheint. In diesem Moment tritt Dionysos hinter ihn. Er beobachtet ihn, läuft hinter ihm auf und ab, bis er schließlich direkt hinter ihm stehen bleibt, wobei sein Schatten den des Pentheus überdeckt. Als Pentheus dies bemerkt, erhebt er sich aus seiner Position, stellt sich direkt vor Dionysos, kann aber aus dessen Schatten nicht herausragen, da er zu klein ist. Er dreht sich zu ihm um, sieht ihm in die Augen. Dionysos küsst ihn. Die beiden beginnen sich gegenseitig zu berühren und scheinen fast miteinander eins zu werden (Abb. 12), doch als Dionysos die Genitalien des Pentheus berührt, wie dieser es zuvor bei ihm getan hat, gibt ihm Pentheus eine Ohrfeige und löst sich aus der Verbindung, womit auch diese Szene endet.

Abb. 12

Durch die ruhigen, weichen Bewegungen, die von beiden Schauspielern in ihren Rollen hier mit besonderem Bedacht ausgeführt werden, gelingt es ihnen jegliche spezifische Zeichen, die den Verhaltensmustern der Motive zugedacht worden sind, abzulegen. In dieser kurzen Sequenz, in welcher sich Pentheus und Dionysos zum ersten Mal gegenüberstehen, sind alle Zeichen von Wahnsinn und Besessenheit aufgehoben. Die Szene wirkt auf den Betrachter wie eine Momentaufnahme, in der sich die beiden Figuren erkennen, in der sie miteinander verschmelzen, in der deutlich wird, wie ähnlich sich die beiden Antagonisten sind. Erst als Pentheus Dionysos ins Gesicht schlägt, tritt dieser aus dem Verbund der beiden aus und fällt wieder zurück in sein altes Verhaltensmuster.

Nur noch einmal werden sich die beiden Figuren so nah sein, nämlich bei ihrer letzten Begegnung, wenn Pentheus, den Kopf in den Schoß des Dionysos gelegt, sich von diesem die Lippen schminken lässt.

4.2 Die letzte Begegnung
zwischen Dionysos und Pentheus

Die Szene beginnt sobald sich Pentheus zu Dionysos begibt, sich vor denselben stellt und dieser anfängt seine Lippen zu schminken und endet mit dem Abgang des Pentheus.

Dionysos sitzt in der zweiten Öffnung der weißen Rückwand. Pentheus, der nun in Frauengewänder gehüllt ist und sogar den Schuh der Semele trägt, den Dionysos noch in der ersten Szene innig umschlungen geküsst hatte, steht vor Dionysos, hat seinen Kopf in dessen Schoß gelegt und lauscht seinen Worten, lässt sich von ihm die Lippen rot schminken und schmiert sich schließlich selbst weiße Farbe in sein Gesicht. Im Gegensatz zu Dionysos, der ganz ruhig oben in seiner Öffnung sitzt und nur manchmal aufschreit und durch dessen Gesicht nur noch selten ein kleines Zucken fährt, ist Pentheus vollkommen von seiner Vorstellung, die Bakchen bei ihren kultischen Orgien beobachten zu können, eingenommen. Er schreit und lacht, zappelt und schüttelt sich. Seine Augen sind weit aufgerissen. Das Gesicht zu Grimassen verzerrt (Abb. 13).

Abb. 13

Immer wieder löst er sich aus dem Schoß des Dionysos und immer wieder treibt es ihn dorthin zurück, bis er schließlich, in der vollen Überzeugung des Triumphes über den Gott Dionysos, in dessen Schoß er sich zuletzt nichtsahnend befand, die Spielfläche durch eine Öffnung in der Rückwand verlässt, womit die Szene schließt.

Diese zweite Sequenz steht in krassem Gegensatz zu der zuvor Beschriebenen. Beide sind wieder Träger der Motive des göttlichen Wahnsinns und der menschlichen Besessenheit, doch ist der überschwänglichere, stärker emotionalere Grad der Ausprägung der Verhaltensmuster hier eindeutig Pentheus zugedacht, dessen Spielweise doch sehr an die des Dionysos in der ersten Szene erinnern mag. Und auch Dionysos, denkt man an den Eingangsmonolog des Pentheus, scheint eher von der Vorstellung Pentheus durch seine Mutter Agaue töten zu lassen besessen als wahnsinnig zu sein. Deshalb lässt sich aus dieser letzten zu untersuchenden Sequenz klar ableiten, dass sich die Motive nicht nur gegenseitig aufheben können, wie es in der ersten hier betrachteten Szene der Fall war, sondern dass sie auch austauschbar sind. So fungieren sie in dem Spannungsverhältnis von rationaler und irrationaler Kraft als Grundmuster des inszenierten Konflikts, da eine gleichwertige Beziehung, ein gemeinsames Bestehen von Dionysos und Pentheus nur möglich ist, wenn sich göttlicher Wahnsinn und menschliche Besessenheit durch Verschmelzung gegenseitig aufheben.

5. Schluss

In dieser Inszenierungsanalyse war es möglich, das Motiv des göttlichen Wahnsinns und der menschlichen Besessenheit einer genaueren Betrachtung zu unterziehen, aus welcher sich zum einen ergeben hat, das die Motive aus einem Wechselspiel von Gefühlszuständen, die durch linguistische, paralinguistische und kinesische Zeichen entstehen, bestehen und dass diese nur durch den Grad ihrer Steigerung, in der sie sich befinden, voneinander unterschieden werden können. Zum anderen konnte festgestellt werden, dass sich diese beiden Verhaltensmuster, treten sie in Kombination auf, gegenseitig aufheben können und auch als übertragbare Themen fungieren.

Bezieht man diese beiden Ergebnisse auf die gesamte Inszenierung, lässt sich auf der Ebene dieser Motive eine symmetrische Handlung erkennen, da sich die Verhaltensmuster der beiden Figuren, nachdem sie sich das erste Mal begegnet sind, soweit verändern, dass nun die körperlichen Ausdrucksweisen des Pentheus wesentlich stärker hervortreten, als die des Dionysos. Dies treibt Klaus Michael Grüber schließlich so weit, dass sowohl Pentheus das Motiv des göttlichen Wahnsinn als auch Dionysos das Motiv der menschlichen Besessenheit vollkommen übernommen hat. Folgt man diesem Interpretationanansatz, so kann das letzte hier beschriebene Bild, in dem Pentheus den Kopf in den Schoß des Dionysos legt, als Umkehrung dessen betrachtet werden, was in den ersten beiden Szenen der Inszenierungsanalyse gezeigt wurde. Dionysos verlässt demnach die Szene als Mensch, Pentheus als Gott, was auch dadurch bestätigt wird, dass ihn die Bakchen in Stücke reißen, da sie glaubten einen Löwen gesehen zu haben, der neben dem Stier und der Schlage eines der Hauptemblemata des Dionysos war[8].

Allerdings kann man dieser Argumentation auch nur folgen, indem manche Szenen, in denen sich die Schauspieler anderer Verhaltensmuster bedienen, nicht berücksichtigt werden. Im Hinblick auf die gesamte Inszenierung scheint es jedoch unmöglich, diese Verhaltensmuster auf andere Ebenen zu projezieren, da immer wieder neue Motivstränge gebildet werden, was meiner Meinung nach aber auch das Besondere und Einmalige der Inszenierung der „Bakchen" durch Klaus Michael Grüber ist, nämlich dass sie, indem sie das zu Untersuchende, je weiter man die Untersuchung vorantreibt, stetig verändert, sich jeglicher Analyse entzieht oder wie es Burkhard Mauer so treffend formulierte:

> Grübers Inszenierungen geben nichts Abgeschlossenes, sondern immer neue Anstöße mitzudenken, mitzuhören. Minutiös wahrzunehmen. [...] Das Zusehen wird in seinen Inszenierungen zu einer physischen Leistung, zu einer dauernden Anstrengung des Gehirns, obwohl doch so viel über die Sinne, über Empfindung und Gefühl wahrgenommen wird. [...] Das Grübersche Verfahren schließt eines aus, was auf dem Theater sonst üblich ist, daß eine Inszenieung mit ihrem Ende auch zu Ende ist. Alle Inszenierungen Grübers haben eine große Nachbrennkraft. Je länger man von ihnen weg ist, um so deutlicher werden sie.[9]

---

[8] Siehe Kott 1991, 202f.
[9] Castensen 1988, 32.

Quellenverzeichnis

Abbildungen

Alle Abbildungen entstammen der Videoaufzeichnung, die auch als archivalische Quelle zu dieser Arbeit diente und im Videoverzeichnis festgehalten ist.

In der folgenden Liste finden sich die Angaben zu den einzelnen Abbildungen.

Abb. 1:	Dionysos, Wächter der Skene
Abb. 2:	Dionysos
Abb. 3:	Dionysos, Wächter der Skene
Abb. 4:	Dionysos
Abb. 5:	Dionysos
Abb. 6:	Pentheus, 1. Bote, Wächter der Skene
Abb. 7:	Dionysos, Pentheus
Abb. 8:	Pentheus, Bakchen
Abb. 9:	Pentheus
Abb. 10:	Pentheus
Abb. 11:	Pentheus
Abb. 12:	Dionysos, Pentheus
Abb. 12:	Dionysos, Pentheus

Videoverzeichnis

Antikenprojekt der Schaubühne am Halleschen Ufer. Die Bakchen. (1974). Regie: Klaus Michael Grüber (Bühnenbild: Gilles Aillaud und Eduardo Arroyo, Musik: Peter Fischer und Igor Strawinski, Text: Euripides/Schadewaldt), Schaubühne am Halleschen Ufer, Berlin, NDR.

Literaturverzeichnis

Balme, Christopher (2003): *Einführung in die Theaterwissenschaft.* Berlin.

Carstensen, Uwe B. (1988): *Klaus Michael Grüber.* Frankfurt am Main.

Euripides (2005): *Die Bakchen.* Stuttgart. (Reclams Universal-Bibliothek Nr. 940.)

Fischer-Lichte, Erika (1983): *Semiotik des Theaters. Das System der theatralischen Zeichen. Bd. 1.* Tübingen.

Fischer-Lichte, Erika (1983): *Semiotik des Theaters. Die Aufführung als Text. Bd. 3.* Tübingen.

Iden, Peter (1982): *Die Schaubühne am Halleschen Ufer 1970-1979.* Frankfurt am Main.

Kott, Jan (1991): *Gott-Essen.* Berlin.

Kreuder, Friedemann (2002): *Formen des Erinnerns im Theater Klaus Michael Grübers.* Berlin.

Pavis, Patrice (1996): *Analyzing Performance. Theatre, Dance and Film.* Michigan.

Schwab, Gustav (2001): *Sagen des klassischen Altertums.* Frankfurt am Main. (Insel Taschenbuch 2792.)